SUPPLEMENT

AUX

MÉMOIRES HISTORIQUES

SUR

LOUIS XVII.

Imprimerie de LEFEBVRE,
rue de Lille, n. 11.

L'ENLÈVEMENT

ET

L'EXISTENCE ACTUELLE

DE

LOUIS XVII,

DÉMONTRÉS CHIMÉRIQUES.

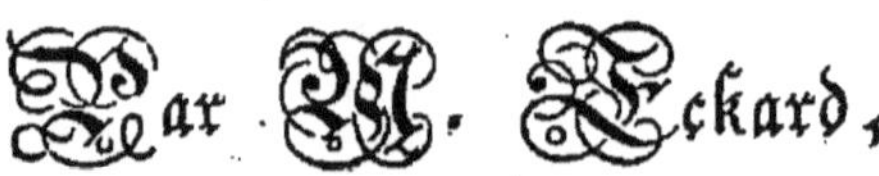

Par M. Eckard,

AUTEUR DES MÉMOIRES HISTORIQUES SUR CE PRINCE.

L'homme est de glace aux vérités,
Il est de feu pour les mensonges.
LA FONTAINE.

A PARIS,

CHEZ A.-J. DUCOLLET, LIBRAIRE,

QUAI DES AUGUSTINS, N° 15.

1831.

AVANT-PROPOS.

On n'a point heureusement vu en France de ces hommes audacieux qui, profitant de quelque ressemblance avec un prince enlevé par une mort tragique, se sont présentés comme y ayant échappé, et favorisés par des mécontens et par l'amour des peuples pour la nouveauté, prolonger les troubles qui les avaient vu naître, ensanglanter la terre et expier sur l'échafaud leurs tentatives criminelles.

Toutefois, en 1596, on arrêta un jeune homme de 22 à 23 ans, qui se disait fils de Charles IX et qui était allé à Reims pour être sacré roi. Il faisait beaucoup valoir certaines révélations que lui et un laboureur de Vaux, en Champagne, prétendaient avoir eues. Quelques seigneurs donnaient ou feignaient de donner dans ces chimères et fournissaient libéralement, par compassion, disaient-ils, à son entretien. Dans les conjonctures critiques où se trouvait l'Etat, le Parlement de Paris confirma la sentence du juge royal de Reims par laquelle Laramée, c'était le nom de cet imposteur, avait été condamné à être pendu. Il fut exécuté sur la place de Grève.

Pendant plus de deux siècles aucune fourberie de ce genre n'avait eu l'occasion de se produire. Mais, en

1800, un écrivain s'empare d'événemens récens, il y entremêle des aventures romanesques, et l'ouvrage est lu avec intérêt parce qu'on y retrouve quelques traits des hautes infortunes de Louis XVI et de la Famille royale. Bientôt ce roman, *le Cimetière de la Madeleine*, devient la source à laquelle une foule de personnes puisent, le plus grand nombre, des connaissances *historiques*, et les autres, des moyens d'abuser et d'exploiter à leur profit les esprits faibles et crédules, en s'emparant, à leur tour, d'un prétendu enlèvement et en affirmant l'existence de Louis XVII.

Parmi les nombreux individus qui ont tenté d'usurper le nom de ce Prince, on a remarqué *Jean-Marie Hervagault*, fils d'un tailleur, à Saint-Lô. Il était âgé d'environ vingt ans; doué d'une figure intéressante, d'un son de voix persuasif, il joua son rôle avec assez d'intelligence. Convaincu de s'être, à l'aide de faux noms, procuré de l'argent, des vêtemens et des égards qui ne lui appartenaient pas, *Hervagault* fut condamné par jugement du tribunal criminel séant à Melun, le 3 avril 1802, à quatre années d'emprisonnement. Il est mort à Bicêtre, le 8 mai 1812.

Long-temps après vint *Mathurin Bruneau*, sabotier. Les fauteurs et les dupes de ce grossier personnage, auquel la malignité affecta de donner de l'éclat, publièrent ses *Mémoires*, dignes d'eux et de lui. Il fut condamné à cinq années d'emprisonnement, etc., par le tribunal de police correctionnelle, à Rouen, le 19 février 1818, pour avoir, en faisant usage de faux noms et de fausses qualités, escroqué des effets et des sommes considérables.

Plusieurs autres, à différentes époques, ont été condamnés à quelques mois de détention, ou relâchés, après qu'on leur eut prouvé leur imposture. Le côté faible des aventuriers est de ne pouvoir cacher longtemps leur véritable origine.

En 1824, on vit paraître aux États-Unis *Victor Persat*, ancien militaire. Une balle reçue à la tête, d'autres blessures et le froid excessif dans la retraite de Moscou avaient causé un dérangement sensible dans les facultés de ce brave. Il lança des proclamations répétées dans quelques journaux français et promettait ses *Mémoires*. Sa respectable famille s'empressa d'éclairer le public.

Aujourd'hui, de nouveaux prétendans publient leurs *Mémoires* avant d'oser se mettre eux-mêmes en évidence, et des journaux annoncent qu'en France et en Allemagne d'autres sont sous presse. Quoique chacun d'eux ait eu le temps d'étudier son rôle, de s'approprier les événemens et de prévoir les objections des incrédules; néanmoins, les observations suivantes feront, je l'espère, justice des premiers et répondront d'avance à tous les autres.

Il faut qu'un voile long-temps impénétrable ait caché l'origine du comte Diébitsch Sabalkanski, feld-maréchal des armées russes, puisque la politique a cru possible d'accréditer l'opinion qu'il était Louis XVII ; croyance que des gazettes étrangères ont répandue et que des rêveurs en France ont accueillie. Il était du même âge que le prince, puisqu'il naquit le 13 mai 1785, au village de Gross-Lews (Silésie prussienne), d'une des plus anciennes familles de cette province.

L'ENLEVEMENT

ET

L'EXISTENCE ACTUELLE

DE

LOUIS XVII,

DÉMONTRÉS CHIMÉRIQUES.

Les deux écrits que je vais réfuter tendent au même but, celui de soutenir que Louis XVII a été enlevé du Temple et qu'il existe aujourd'hui ; cependant, ils ne sortent pas de la même plume et chacun d'eux est présenté par un compétiteur différent. L'un a pour titre : *Révélation de l'existence de Louis XVII, duc de Normandie ;* par M. Fabreli de Fontaine, bibliothécaire de S. A. S. Madame la duchesse d'Orléans, douairière. * Un ouvrage de longue haleine, y est-il dit, se prépare et doit bientôt suivre cet écrit. L'autre est intitulé : *Mémoires du duc de Normandie, fils de Louis XVI, écrits et publiés par lui-même.* On y trouve un por-

* Deuxième édition ; in-8°, de 27 pages. Paris, 1831.

trait de l'auteur et une signature, à la main, *le Duc de Normandie*. *

Il est présumable que M. Fabreli de Fontaine, en inscrivant son nom au devant de sa *Révélation* et surtout en indiquant la fonction qu'il remplissait auprès de la digne Fille du vertueux duc de Penthièvre, a pensé qu'il inspirerait la plus grande confiance et qu'on tiendrait pour certaine l'existence actuelle de Louis XVII. On m'assure, en effet, qu'un individu qui s'annonce pour être le fils de Louis XVI s'est montré mystérieusement dans quelques maisons, même des plus élevées ; que nouvel Hervagault, il y a reçu des hommages et de généreux *secours* et que ceux auxquels il en a imposé, le préconisent. M. Fabreli s'est chargé de composer les manifestes et il nous promet d'en être l'historiographe.

Cependant un grand nombre de personnes ont été indignées des assassinats, des empoisonnemens et de tous les forfaits qui, avec une rare assurance, sont imputés à l'ambition d'un Prince pour ravir la couronne à l'héritier légitime. D'autres, ont considéré que ce ne pouvait être qu'un paradoxe inexcusable, sans

* In-8° ; de 248 pages. Paris, juillet 1831.

doute, que l'auteur avait voulu soutenir. Mais, instruites que M. Fabreli a écrit très-sérieusement et qu'il paraît croire, ainsi qu'il le dira bientôt, avoir vu deux fois le fils de Louis XVI, toutes ces personnes ont désiré savoir s'il n'avait pas été trompé, ou s'il ne trompait pas lui-même, et elles m'ont demandé des explications sur la possibilité de la délivrance et de l'existence de Louis XVII; j'ai déféré à leur invitation.

A l'égard des *Mémoires*, c'est un de ces romans biographiques dans lesquels des écrivains se plaisent à confondre la vérité avec les rêves de leur imagination, sans aucun respect, ni pour le rang, ni pour le sexe, ni pour le malheur; mais dont le merveilleux ne trouve de sympathie que parmi le commun des lecteurs. Je ne m'en serais point occupé si l'épisode de l'enlèvement du jeune Prince ne m'eût pas fourni l'occasion de dissiper l'illusion que chercheraient encore à y trouver ceux qui ne veulent point discerner l'historique d'avec le romanesque.

Il n'est pas inutile de faire observer que ces *Mémoires* et la *Révélation* ont beaucoup emprunté à Hervagault et même à Mathurin Bruneau. On s'en convaincra en lisant l'*His-*

toire des deux faux Dauphins, etc.; par M. Alphonse de Beauchamp. *

En outre, je suis informé qu'on répand ces brochures, principalement la *Révélation*, dans le midi et dans l'ouest, surtout parmi ces braves plus pénétrés de leur religieuse fidélité qu'imbus de bonnes notions historiques. Dans quel dessein? Le voici, peut-être. Si Louis XVII est existant, Louis XVIII, ainsi que le soutiennent la *Révélation* et les *Mémoires*, a donc été un usurpateur, etc.; l'on entrevoit facilement où conduit un pareil raisonnement. Et comme ce n'est point seulement par des assertions contraires, ni par une légère discussion, ni moins encore par un dédain affecté, qu'on peut désabuser des personnes fortement attachées à une idée fixe, il faut, une fois pour toutes, démontrer et sans réplique, que l'enlèvement et l'existence actuelle de Louis XVII sont absolument chimériques.

Ces questions intéressent aussi la France et l'histoire; d'ailleurs, je suis provoqué à en demander hautement la solution publique, lorsque M. Fabreli de Fontaine s'exprime ainsi, page 6 de la *Révélation* :

* Un volume in-8°. Paris, 1818.

« Il faut le dire enfin : Louis XVII, ou comme on le voudra, le duc de Normandie, n'a pas cessé de vivre. L'héritier direct de l'infortuné Louis XVI respire encore, j'en ai l'assurance; et ce secret, que des circonstances ne me permettaient pas de révéler, je puis le divulguer aujourd'hui avec bonheur, sans redouter du présent les effets d'une indiscrétion trop tardive.

» Et qu'ai-je à craindre, au surplus, en affirmant que le fils de Louis XVI n'est point mort au Temple; qu'il vit aujourd'hui; que je l'ai vu deux fois dans l'intimité d'une personne auguste, et que j'ai à ma disposition des pièces authentiques qui déposent de son existence; pièces qu'au besoin, si j'y étais contraint, je n'hésiterais pas à rendre publiques, aux risques de ceux qu'elles peuvent compromettre aujourd'hui? »

Lorsqu'un écrivain avance aussi affirmativement des faits graves et qu'il menace de produire des pièces authentiques à l'appui, ne doit-il pas, au moins, être très-exact sur les faits déjà avérés? Cependant M. Fabreli n'a pas jugé que cette exactitude fût nécessaire dans ceux qu'il produit pour soutenir l'accusation qu'il porte contre le comte de Provence, ainsi qu'il l'appelle et dont, par sa position sociale, il devrait savoir que, depuis l'avénement de Louis XVI et conséquemment à l'époque où il en parle, le titre était *Monsieur*, et ensuite, Louis XVIII. Pour ne point ralentir la discussion, plusieurs de ces faits seront rétablis dans une note (1); mais à fin de montrer combien il dédaigne de s'astreindre aux notions les plus ordinaires, je vais transcrire les premiers traits de sa *Révélation*.

« La naissance du duc de Bourgogne, (dit-il, en parlant du premier fils de Louis XVI), vint contrarier les espérances coupables d'un oncle ambitieux; mais une maladie de langueur mit un terme prématuré à l'existence du royal enfant.... Il mourut à Meudon, et cette mort laissa de profonds soupçons qu'on ne peut croire aujourd'hui que trop bien fondés.

» Plus tard, un Duc de Normandie vint rassurer la France sur son avenir, et c'est ici que commencent à se montrer toutes les combinaisons du crime, tous les développemens de la plus détestable ambition. »

Est-il quelqu'autre bibliothécaire qui ne sache que depuis la cession du Dauphiné par Humbert II à Philippe VI, dit de Valois, en 1349, le fils aîné du roi de France a toujours reçu en naissant le titre de Dauphin ; et quelqu'un ignore-t-il que le dernier prince appelé duc de Bourgogne fut Louis-Xavier, frère aîné de Louis XVI, et mort en 1761 ?

En outre, la France était rassurée, puisqu'à la mort du Dauphin, le 4 juin 1789, le duc de Normandie, son frère, avait déjà plus de quatre ans, étant né le 27 mars 1785.

Ces soupçons, ces combinaisons n'ont donc jamais existé que dans le système odieux de M. Fabreli qui, en suppositions de ce genre, l'emporte sur le biographe romancier.

Après avoir rapporté quelques autres faits avec la même connaissance de notre histoire, il donne les détails de l'enlèvement, en assurant qu'ils lui ont été fournis par le duc de Normandie *lui-même*. Je mets son récit et celui de l'auteur des *Mémoires* sous les yeux du lecteur (2).

Toute son adresse étant de donner le moins possible de dates, on ne peut fixer que par un rapprochement de faits, celle qu'il suppose à cet événement.

Il dit que Sevestre fit son rapport à la Convention sur la mort du jeune roi, trois jours après celle du chirurgien Desault : or, ce rapport eut lieu le 9 juin 1795; voir le *Moniteur*.

Ainsi, Desault serait mort le 6 du même mois.

Et que cet officier de santé succomba deux jours après l'événement.

Ce qui place l'enlèvement au 4 juin 1795.

Mais comment Desault a-t-il pu connaître le 4, la substitution d'un enfant à l'autre, et en donner avis au Comité, puisqu'il était mort le premier juin, et non le 6, ainsi que le prouverait son acte mortuaire, et qu'il fut le 5, remplacé par les docteurs Pelletan et Dumangin ? C'est à M. Fabreli de Fontaine à résoudre cette difficulté ; sinon, l'on ne peut croire à cet avis, au *Mémoire* et à tout ce qu'il lui a plu d'imaginer à ce sujet.

La coopération de la femme Simon à cet enlèvement y paraît constatée.

On remarquera aussi qu'outre le cheval de carton dans lequel le remplaçant fut apporté, il fait entrer en même temps une manne à double fond renfermant d'autres jouets et dans laquelle le jeune Prince fut, dit-il, mis et emporté.

Je viens aux *Mémoires du Duc de Normandie :* ils ont, comme on l'a vu, toutes les apparences de l'authenticité. *

* Il a paru un article piquant sur ces *Mémoires*, dans

Néanmoins, on aperçoit le romancier dès les premières lignes, lorsqu'on lit qu'en naissant le titre de duc de Normandie lui fut donné, « en signe de reconnaissance de l'accueil que les habitans de cette province avaient fait à sa mère. » Il est vrai, comme il le dit, que Louis-Charles de France, duc de Normandie, second fils de Louis XVI, naquit le 27 mars 1785 ; mais le départ de ce monarque pour la Normandie et aller visiter les travaux qu'il avait ordonnés à Cherbourg, n'eut lieu que le 21 juin 1786, quinze mois après la naissance du jeune Prince ; et, de plus, la reine Marie-Antoinette ne fut point du voyage. Je ne relèverai point les autres erreurs qui, sans utilité pour le roman, ont été commises dans les faits personnels à Louis XVII.

M. le duc de Normandie indique la date précise de son enlèvement au 29 juin 1794.

La participation de la femme Simon y paraît également évidente et son témoignage y est en outre invoqué, notamment page 194.

M. le duc raconte comment s'exécuta l'en-

le journal *La France nouvelle*, du 19 septembre 1831. *La Quotidienne* du 30, a exprimé, en quelques mots, qu'ils ne méritaient pas l'attention de ses lecteurs.

trée du cheval de carton, d'où on le tira après être sorti du Temple; et de plus, il dit qu'on le plaça dans un autre cheval en bois et bien plus grand, afin de le conduire hors de Paris, expédient dont M. Fabreli de Fontaine ne s'est point avisé.

On sait qu'Hervagault prétendait avoir été emporté dans un paquet de linge; les secrétaires de Mathurin Bruneau le font aussi enlever dans un cheval de carton, et Victor Persat avait imaginé le moyen d'un orgue. Les nouveaux sycophantes, ou leurs interprètes, ont préféré l'idée empruntée à Virgile.

Ainsi, pour résoudre la question, il faut déterminer et examiner,

1°. La date de l'enlèvement.

2°. Quelle a pu être la coopération de la femme Simon.

3°. Si l'introduction dans la tour, d'un cheval de carton renfermant un enfant de neuf ans et leur sortie du Temple étaient possibles.

4°. Enfin, si, comme les deux compétiteurs le soutiennent, le prince de Condé a ordonné et le général Charette a fait exécuter les mesures de l'enlèvement, en sorte que Louis XVII ait paru dans la Vendée.

Je reprends la série de ces particularités.

1°. La date de l'enlèvement.

M. Fabreli de Fontaine paraît indiquer le 4 juin 1795; mais il peut choisir tout autre jour qu'il lui plaira dans les dix ou douze pendant lesquels Desault donna des soins au jeune prisonnier.

Elle est fixée au 29 juin 1794, par M. le duc de Normandie, dans son *Appel à la France*, reproduit page 199, de ses *Mémoires*.

Je ne conteste ni l'une, ni l'autre date.

2°. Mais, alors, comment la femme Simon, gagnée à prix d'argent et sans laquelle, suivant la *Révélation* et les *Mémoires*, d'accord sur ce point, l'enlèvement eût été impossible; comment, dis-je, a-t-elle pu y coopérer, puisqu'à cette époque, Simon et sa femme n'habitaient plus le Temple depuis long-temps? En effet, le 19 janvier 1794, l'enfant avait été remis aux commissaires de la commune par Simon, que ses collègues avaient forcé d'opter entre les fonctions sédentaires du Temple et celles de municipal et qui, las de sa tyrannie, avait préféré de continuer à siéger dans le conseil-général. * En voici la preuve.

* On verra plus loin que depuis la Simon aucune femme ne fut envoyée au Temple pour le service des prisonniers.

COMMUNE DE PARIS.

Conseil général

Du 1er pluviôse an 2. (20 janvier 1794.)

Lasnier. Un de vos arrêtés porte que le jeune Capet restera sous la surveillance immédiate des commissaires de garde au Temple; hier, *Simon et sa femme* nous ont remis cet enfant en bonne santé, nous requérant de lui en donner décharge, nous la leur avons accordée.

Le Conseil ratifie la décharge donnée au citoyen Simon.

Moniteur, 22 janvier 1794.

3°. A l'égard de l'introduction et de la sortie du cheval renfermant un enfant, il est essentiel, avant de discuter ce fait, de donner sur la surveillance de la tour, des développemens dont j'ai déjà publié quelques-uns; ils sont puisés dans des rapports faits à la Convention, dans les délibérations de la Commune, et dans les écrits publiés par des municipaux, enfin dans les notes et entretiens que j'ai obtenus d'eux et que j'ai comparés.

La garde du Temple dans laquelle les citoyens domiciliés à Paris pouvaient seuls être admis, était composée d'un détachement de la force armée et de deux pièces de canon : le commandement n'en était confié qu'à un petit nombre d'officiers choisis au scrutin dans chaque légion par le conseil de la Commune. La nuit, les factionnaires étaient doublés et il y en avait toujours deux à la porte d'entrée de la tour. Il fallait se courber et franchir des guichets fort étroits à chaque étage. Le concierge, les gardiens et les municipaux eux-mêmes ne pouvaient en sortir sans que les deux guichetiers placés au bas de l'escalier se fussent concertés pour en ouvrir les portes.

Toute communication au dehors était très-sévèrement interdite par des réglemens à la Famille royale. * Personne n'était admis dans la tour que sur une permission du comité de sûreté générale, ou des membres de la Commune administrateurs de la police, et seulement lorsqu'un des prisonniers était malade. En ce cas, la visite des officiers de santé avait lieu en présence des municipaux, du commandant du poste et du concierge. Les mesures pour procurer les objets nécessaires à la Famille royale étaient si minutieuses que, le 29 mai 1793, la reine ayant demandé *Gilblas de Santillane* pour son fils, il fallut obtenir l'autorisation de la Commune. ** Les permissions présentées d'abord

* *Moniteur*, 5 avril 1793. — ** *Idem*, 1er juin 1793.

au commandant qui les visait, ou vérifiait les objets, puis au concierge et aux porte-clés, étaient ensuite portées dans la chambre du conseil et soumises, ainsi que tous objets, à l'inspection des municipaux : il en était fait mention sur le registre. On subissait les mêmes formalités à la sortie. Mais, la nuit, aucune personne ne pouvait être reçue dans la tour, ni même dans le Temple, si ce n'est les membres du comité de sûreté générale, ou les administrateurs de la police et avec les précautions prescrites par les réglemens. Tous les matins, un rapport de ce qui s'était passé était envoyé au même comité.

Au mois de juin 1793, le comité de salut public eut l'éveil sur une entreprise que le baron de Batz venait de tenter pour enlever le jeune Roi et la Famille royale, entreprise aussi bien conçue que bien conduite; mais que l'arrivée inopinée du cordonnier Simon, municipal et l'un des agens les plus actifs de Robespierre, avait fait échouer. Averti, presqu'en même temps, qu'un projet était formé d'aller au Temple, le 15 juillet suivant, pour y proclamer Louis XVII, ce comité signa un ordre portant que le fils de Louis XVI serait séparé de sa mère et remis à un instituteur nommé par le conseil-général de la Commune. Simon, pour prix de ses délations, fut constitué le geolier du Roi; il lui fut enjoint de ne point quitter son prisonnier et de ne sortir de la tour sous aucun prétexte. Quelques jours après, la garde du Temple qui ne voyait point l'enfant depuis qu'il avait été livré à Simon, publiait qu'il n'était plus dans la tour : ce bruit parvint à la Convention. Aussitôt, Drouet, Chabot et d'autres membres du comité de sûreté générale se transportèrent au Temple; ils y constatèrent la présence du Prince, ordonnèrent de le faire descendre au jardin, afin qu'il y fût vu par la garde montante, et qu'il en serait ainsi, chaque jour, à l'avenir. La Convention, sur les rapports qui lui en furent faits à la tribune, approuva toutes les mesures prises par ses comités. *

Après le départ de Simon, le 19 janvier 1794, les comités ayant décidé qu'il ne serait point remplacé, et, malgré les instances de l'illustre Captive, aucune femme n'étant plus chargée de de donner des soins aux enfans de Louis XVI**, l'on relégua le jeune Prince au fond du loge-

* *Moniteur*, 13 juillet 1793. Voir, en outre, le *Moniteur* des 15, 21 avril et 6 juillet même année, aux séances de la Convention et de la Commune.

** *Mémoires de l'Orpheline du Temple.*

ment de son gardien, en le restreignant à deux pièces. On plaça dans la première un poële dont le tuyau passant entre des barreaux de fer échauffait la seconde. Dans la porte de communication, on pratiqua à hauteur d'appui un guichet avec un rebord. Ce guichet formait une espèce de tour par lequel on faisait parvenir au prisonnier des alimens, ou d'autres objets; il mettait sur le rebord ce qu'il avait à renvoyer. La clé de cette porte, confiée aux municipaux, restait déposée dans une armoire fermée de la chambre du conseil. Dès-lors, la reconnaissance et la remise de l'enfant par le municipal sortant à celui qui le remplaçait, s'opérait en l'appelant au-devant du guichet et des grilles, en présence des officiers de la force publique, du concierge et des guichetiers. On ne retracera pas cette scène, chaque jour, si douloureuse. Plus de six mois s'écoulèrent ainsi et ce temps, comme on le sait, fut jusqu'au 9 thermidor (27 juillet 1794) celui de la plus grande *terreur*.

Rien, assurément, n'aurait favorisé un enlèvement pendant cet intervalle. Au Temple, où survenaient à l'improviste, des membres des comités, ou de la Commune, on voyait les officiers et les gardes de la force armée, les municipaux et surtout les subalternes, se défiant les uns des autres, s'épier et s'entre-dénoncer journellement. A la Commune, Cressand et d'autres membres en étaient exclus, pour avoir plaint le sort de l'enfant. Au comité de salut public, on destituait et l'on faisait incarcérer des municipaux, administrateurs de la police des prisons; et de plus, le nombre en était augmenté. * Enfin, les comités dénonçaient à la Convention, Cortey, commandant de la force armée, Michonis, municipal, et Burlandeux, officier de paix; lesquels furent envoyés à l'échafaud, les 17 et 27 juin, pour avoir, l'année précédente, favorisé l'entreprise tentée par le baron de Batz. Marino, Froidure, Soulès, Dangé, aussi municipaux, soupçonnés d'avoir eu des intelligences avec la Reine, périrent avec eux. **

Maintenant, à qui persuadera-t-on qu'à cette époque, le 29 du même mois de juin 1794, un cheval d'une dimension assez grande pour y renfermer un enfant de plus de neuf ans ait

* *Moniteur*, 29 mars, 4 avril et 2 juillet 1794.

** *Moniteur*, 15 et 17 juin 1794; et *Pièces* extraites des archives du tribunal révolutionnaire, dans les *Mémoires historiques sur Louis XVII*, page 479 et suivantes, 3e édition.

été introduit dans la tour, sans autorisation, et qu'il en soit sorti sans avoir subi, chaque fois, l'examen des nombreux surveillans du Temple? Leur attention n'aurait-elle pas été singulièrement excitée par l'arrivée d'un objet aussi volumineux et dont on n'obtiendrait pas l'entrée, sans visite, dans une prison ordinaire?

J'achèverai ce qui concerne la captivité de Louis XVII, en transcrivant, d'abord, un passage du rapport fait à la Convention, par Mathieu, au nom du comité de sûreté générale, le 2 décembre 1794.

« A l'époque du 9 thermidor, dit ce député, un nouveau gardien avait été placé au Temple par le comité de salut public : un seul gardien a depuis paru insuffisant au comité de sûreté générale. Un citoyen, d'un républicanisme éprouvé, fut demandé à la commission de la police administrative de Paris : indiqué par elle, il fut adjoint au premier pour remplir cette fonction; et comme aux yeux des hommes prévenus et ombrageux, la permanence de deux individus au même poste éveille l'idée d'une séduction possible avec le temps, pour compléter et assurer d'autant mieux la détention des enfans du tyran, le comité arrêta, que chaque jour et successivement, l'un des comités civils des quarante-huit sections de Paris, fournirait un membre pour remplir pendant vingt-quatre heures, les fonctions de gardien, concurremment avec les deux nommés à poste fixe.

» Le comité a regardé cet ensemble de mesures comme nécessaire pour ôter au récit fabuleux (de l'amélioration du sort des enfans prisonniers) et à la malveillance, soit active, soit *calomniatoire*, tout prétexte de plaintes, ou d'agitation.

» Pour la partie militaire du service de ce poste, le comité de sûreté générale s'est concerté avec le comité militaire. Plusieurs représentans l'ont visité et les deux comités se sont persuadés que le service se faisait avec exactitude et ponctualité. * »

On voit que les Conventionnels ne perdaient pas le Temple de vue un seul instant.

Néanmoins, Louis XVII sorti de son cachot, fut traité avec soin par Laurent et ensuite par MM. Gomin et Lasne, ses nouveaux gardiens**, et

* *Moniteur*, 4 décembre 1794.

** Laurent entra au Temple dans les premiers jours d'août 1794; M. Gomin lui fut adjoint le 8 novembre suivant, et M. Lasne remplaça Laurent le 31 mars 1795. L'auguste Captive a, dans ses *Mémoires*, départi à chacun d'eux le témoignage de la bonne conduite qu'il a tenue.

quelquefois avec des égards par des commissaires.

Mais l'injonction subsista toujours pour tous de ne laisser communiquer le frère et la sœur avec qui que ce fût, ni même entre eux ; car, ils devaient ignorer absolument qu'ils étaient renfermés dans le même lieu *. La remise du Prince par le commissaire sortant à celui qui entrait en fonctions s'effectuait comme précédemment ; la force armée était aussi nombreuse et la surveillance non moins active : quelques-uns des commissaires, gardiens, etc., pourraient encore attester ces faits. Des discours violens, à la tribune, rappelaient souvent l'attention sur le fils de Louis XVI. Enfin, un rapport circonstancié d'Harmand (de la Meuse) qui, avec le même Mathieu et Reverchon, tous trois membres du comité de sûreté générale, furent envoyés au Temple, le 13 février 1795, constate l'état d'isolement et de dépérissement dans lequel ils trouvèrent l'enfant prisonnier. ** Il continua d'empirer : les secours des officiers de santé, du célèbre Desault, averti trop tardivement, et de Pelletan et Dumangin qui lui succédèrent, ne purent que prolonger

* *Mémoires de l'Orpheline du Temple.*

** *Anecdotes relatives à la Révolution française*, par Harmand (de la Meuse) ; in-8°, 2e édit. Paris, 1820.

sa longue et douloureuse agonie, et Louis XVII s'éteignit le 8 juin 1795.

Il est donc très-évidemment démontré qu'avec le cheval de carton, la manne à double fond et les ridicules moyens racontés par M. Fabreli de Fontaine et par M. le duc de Normandie, l'enlèvement au mois de juin 1794, ou 1795, ainsi qu'à toute autre époque, eût été de toute impossibilité.

L'auteur de la *Révélation* et les partisans du romanesque ont aussi prétendu que l'enfant mort au Temple était celui qui avait été substitué, le 4, au jeune Prince; système suivant lequel il aurait fallu que cet enfant eût été, comme le Prince, dans un état scrofuleux et de marasme entièrement désespéré. Ils ont cru en avoir trouvé la preuve dans le procès-verbal de l'autopsie; et un historien, M. Léonard Gallois, s'est laissé entraîner à cette erreur dans la *Continuation* qu'il a donnée de *l'Histoire de France*, par Anquetil : voici ses expressions.*

« Il est à remarquer que les médecins ne » connaissaient point personnellement le fils de » Louis XVI, et qu'ils furent obligés de s'en » rapporter, quant à *l'identité*, à la déclaration » des commissaires de la prison. »

* Tome 1er, page 353 de cette *Continuation.*

J'y répondis sur-le-champ par des *Observations* * que je vais reproduire en ce qui concerne la discussion actuelle.

« Le mot *identité* a été souligné par l'auteur lui-même.

» Je le demande : Comment, dans le procès-verbal de l'autopsie, après ces mots : « le corps mort d'un enfant qui nous a paru âgé d'environ dix ans et que les commissaires nous ont dit être celui du fils de défunt Louis Capet » ; comment, dis-je, M. Gallois n'a-t-il pas lu les mots qui suivent, » et que deux d'entre nous ont reconnu pour être l'enfant auquel ils donnaient des soins depuis quelques jours ? »

» Ainsi MM. Pelletan et Dumangin le reconnaissent, M. Lassus qui avait été chirurgien de Madame *Victoire*, de France, tante de Louis XVI, et M. Jeanroy **, qui, (je le tiens de lui), avait souvent vu le jeune Prince à la Cour, n'élèvent aucune contradiction ; les commissaires chargés de la surveillance de l'enfant, ainsi que MM. Gomin et Lasne, représentent le corps « comme étant celui du *Dauphin* »,

* *Observations sur un passage de l'Histoire de France*, à la suite d'une *Note historique sur la Famille royale*, etc., par Mennessier ; in-8°, 1830.

** Et non, Jean-de-Roi, comme l'écrit M. Gallois.

dont ceux-ci ont été les gardiens, le premier, pendant sept, et le second pendant deux mois; et l'*identité* n'a pas été constatée?

» En outre, M. Damont, l'un des commissaires de service, le jour de la mort, ayant fait observer aux quatre membres du Comité de sûreté générale envoyés au Temple, pour constater l'événement, que la garde de la tour ne laisserait point sortir la bière sans en exiger l'ouverture, les députés décidèrent qu'à midi, les officiers et sous-officiers de cette garde, ainsi que ceux qui releveraient leposte, seraient appelés pour vérifier la mort de l'enfant. En effet, lorsque ces officiers furent réunis dans la chambre où le corps était exposé, M. Damont leur demanda s'ils reconnaissaient ce corps pour être celui du *Dauphin*, fils de Louis XVI. Le plus grand nombre d'entre eux qui avaient vu le jeune Prince aux Tuileries ou dans le Temple, attestèrent que c'était effectivement le *Dauphin*. Une vingtaine de ces officiers, ainsi que les gardiens et les préposés au service de la tour, signèrent le procès-verbal qui fut dressé par M. Darlot, commissaire civil de la section du Temple et envoyé au même comité.

» A tous ces témoignages pour constater l'*identité*, qu'oppose-t-on?.... Rien. »

J'ajoute ici que M. Pelletan a si bien reconnu Louis XVII, qu'il s'est emparé du cœur de ce Prince et qu'il l'a conservé jusqu'à sa mort. J'ai publié ailleurs les particularités qu'il m'avait données sur ce fait; et depuis il les a confirmées. M. Dumangin m'a aussi attesté qu'il avait très-bien reconnu le jeune Roi.

Le même M. Damont, membre d'un comité de bienfaisance, Belanger, architecte de M. le comte d'Artois (Charles X), et M. Prousteau de Montlouis, lieutenant de l'amirauté, qui, par la nature de leurs fonctions avaient eu l'occasion de voir le Dauphin, à la Cour, aux Tuileries, et qui, depuis le 9 thermidor, avaient rempli les fonctions de commissaire au Temple, à différentes époques, ont laissé des notes qui constatent également l'identité de Louis XVII.

De plus, M. Gomin (de Pongerville) a très-bien reconnu l'enfant-roi, lorsqu'il en fut installé l'un des gardiens. C'est dans des entretiens fréquens avec lui, qu'il apprit les traitemens que ce Prince avait endurés dans son cachot, avant le 9 thermidor, et dont j'ai recueilli les principaux traits dans la 3e. édition des *Mémoires historiques*. Ces particularités sont d'ailleurs concordantes avec celles publiées par quelques commissaires.

4° Enfin, M. le Duc, usant du droit d'un romancier, soutient, ainsi qu'on peut le voir (note 2), que c'est d'après les mesures ordonnées par le prince de Condé et conduites par le général Charette, que l'enlèvement fut exécuté par leurs agens; mais M. F. de Fontaine, toujours plus instruit, ajoute à son récit les faits suivans.

« L'évasion de cet infortuné Prince fut, pour le comte de Provence, une nouvelle fatale et toute imprévue. En relation avec les principaux acteurs de la Convention, il leur conseilla d'entamer une négociation avec Charette, dont l'effet serait d'amener une pacification générale, sous certaines conditions, et particulièrement celle de la remise de Louis XVII, comme otage, avec promesse de le rendre à la paix générale, soit à l'empereur d'Allemagne, soit au roi d'Espagne.

Cet avis ayant été adopté, un émissaire fut envoyé à Charette, qui répondit à la Convention : « qu'il acceptait l'armistice aux conditions » requises, à l'exception de celle qui tendait à » réintégrer aux mains du Gouvernement fran» çais le fils de Louis XVI, attendu qu'il était » hors de ses intentions et de ses facultés, » puisque depuis sept jours Louis XVII avait » cessé d'être à sa disposition. »

» En effet, le général vendéen ayant été averti que le Gouvernement républicain méditait l'enlèvement du jeune Prince, et qu'il entretenait des intelligences dans le sein même de l'armée royaliste, fit fréter une corvette qui, sous le pavillon d'une puissance neutre, transporta l'illustre fugitif sur les côtes des Etats-Unis, où il débarqua sans nul encombre. »

M. Fabreli de Fontaine n'indique point, suivant son usage, où se trouve la citation qu'il vient de faire; ne pouvant la vérifier, je vais extraire de deux pièces que j'ai entre les mains, plusieurs paragraphes qui non seulement démentent cette citation aventurée, mais qui achèvent d'anéantir entièrement toutes les assertions sur l'enlèvement de Louis XVII et sur son existence.

La première de ces pièces est la RÉPONSE *des armées catholique-royale, de la Vendée et des Chouans*, au RAPPORT *fait à la Convention, dans la séance du 16 juin 1795*, etc ; * elle est datée du quartier-général de l'armée de Charette, le 22 juin 1795, l'an Ier. du règne de Louis XVIII, et *signée*, CHARETTE, *Stofflet, Scepeaux, Sapineau, Monnier, Guichard, Chalou, Cady*; etc., etc., etc. Suivent plusieurs pages de signatures des principaux officiers.

* *Réponse* des armées catholique-royale de la Vendée

Charette et les signataires s'expriment en ces termes, page 6.

« Le 27 de mai (1795) sur quelques indices qui nous firent craindre que le soi-disant comité de salut public ne cherchât à éloigner l'observation du traité conclu, nous envoyâ- M. Chastellier à Paris, après en avoir communiqué le 24 au soi-disant représentant du peuple Grenot. Nous chargeâmes M. Chastellier de demander l'élargissement provisoire du Roi, tant pour nous convaincre de la sincérité des promesses faites par le soi-disant Comité que pour faciliter le moyen de faire sortir de la capitale cet auguste enfant et sa sœur, qu'une garde nombreuse entourait au Temple. *

» Le 4 juin (16 prairial), il fut convenu que

et des Chouans au *Rapport* fait à la soi-disante Convention nationale, dans la séance du 16 juin 1795, par le soi-disant représentant du peuple, le citoyen *Doulcet;* suivie de la *Proclamation* faite par les chefs des armées catholique et royale, au nom de *Louis XVIII, roi de France et de Navarre,* aux fidèles habitans du *Poitou,* de l'*Anjou,* du *Maine,* de la *Bretagne,* de la *Normandie* et de toutes les provinces de France. De l'imprimerie royale de MAULEVRIER; in-8°, de 16 pages; signé *Chambart* fils, imprimeur.

* Ces dernières paroles sont remarquables.

Louis XVII et sa sœur seraient conduits, le lendemain, à Saint-Cloud. Doulcet, Tallien, Cambacérès, Treilhard, Rabaut, Syèyes, Rewbell, Gillet et Roux, en signèrent la promesse. M. Chastellier, que les membres du soi-disant comité de salut public cherchèrent à retenir quelques jours à Paris, *afin qu'il jugeât par lui-même de la loyauté avec laquelle ils procéderaient*, quitta Paris le soir même, d'après les ordres qui lui avaient été donnés d'être de retour le 7, au plus tard. Il arriva ici le 8 au matin. Nous nous disposâmes aussitôt à concerter avec les représentans du peuple, les moyens d'envoyer des personnes d'une fidélité et d'une bravoure éprouvées dans les environs de Saint-Cloud..... Dans ce même moment, Louis XVII expirait dans la prison du Temple. Dans ce même moment, des ordres secrets étaient donnés pour faire avancer des troupes dans nos provinces. Dans ce même moment on méditait l'arrestation de vos chefs, le massacre de vos femmes et de vos enfans. »

Charette et ses officiers continuent en des termes non moins formels; (page 9) :

« Vous le voyez, braves camarades, le crime se dévoile aujourd'hui dans toute son horreur. La soi-disante Convention n'ayant pu nous vaincre, a cherché à tromper notre bonne foi, à abuser de notre loyauté. Elle nous portait des paroles de paix et elle ordonnait des assassinats. Elle parlait de justice et elle méditait le crime. Elle s'était engagée à remettre entre nos mains notre Roi et son auguste Sœur, et notre Roi expire dans sa prison. Nous ne vous dirons pas que les hommes qui ont assassiné Louis XVI, aient attenté aux jours de Louis XVII; nous n'avons aucunes preuves certaines pour l'avancer. Mais il est bien difficile de ne pas le croire, lorsqu'on voit cet enfant périr le 8 de ce mois, tandis que, le 4, on avait promis à M. de Chastellier qu'on allait le transférer à Saint-Cloud; et qu'on ne lui avait pas même laissé soupçonner que le Roi fût attaqué de cette maladie qu'on dit avoir terminé ses jours. »

Lorsqu'on a lu ce manifeste dans lequel Charette et de nombreux officiers de son armée protestent si hautement contre le refus qui avait été fait par la Convention de tenir la promesse donnée, en son nom, de leur remettre Louis XVII et la Princesse sa sœur, et lorsqu'ils déplorent la mort du jeune roi, qui peut croire encore qu'un enlèvement dirigé par ce même Charette avait déjà conduit ce Prince dans la Vendée et que ce général l'avait inauguré, dans la cathédrale de Fontenai, au milieu de cette même armée?

Le protégé de M. Fabreli aurait donc été déjà couronné deux fois; et la cérémonie du Temple aurait eu pour confidens, les municipaux, commandant, concierge et guichetiers: accord admirable! M. l'évêque de Saint-Papoul a dû être émerveillé de la ferveur des assistans. Mais le souvenir de la présence de Louis XVII dans la Vendée a dû s'y conserver et dans la mémoire de ceux qui ont été présens à l'un ou à l'autre sacre: où sont les pièces et les témoins qui constatent cette cérémonie? Patience; le grand ouvrage de M. l'historiographe nous les produira et des plus authentiques.

La seconde pièce dont j'ai parlé est une proclamation du prince de Condé, à son armée, le 4 juillet 1795, pour lui annoncer la mort du jeune roi; le commencement et la fin de cette touchante oraison funèbre, suffiront à notre discussion.

« Messieurs, à peine les tombeaux de l'infortuné Louis XVI, de son auguste compagne et de leur respectable sœur se sont-ils refermés, que nous les voyons se rouvrir encore pour réunir à ces illustres victimes, l'objet le plus intéressant de notre amour, de nos espérances et de nos respects. Le jeune rejeton de tant de rois, dont la naissance seule paraissait assurer le bonheur de ses sujets, puisqu'il était formé du sang de Henri IV et de Marie-Thérèse, vient de succomber sous le poids de ses fers et de sa cruelle existence. »

. . . .

« Messieurs, le roi Louis XVII est mort.
» Vive le roi Louis XVIII! »

Après cette lecture, quelqu'un peut-il s'imaginer que le prince de Condé ait rapporté les détails de l'enlèvement et qu'il ait cru que le fils de Louis XVI existât encore?

En un mot : L'ENLÈVEMENT ET L'EXISTENCE ACTUELLE DE LOUIS XVII SONT DES IMPOSTURES.

Il faut prévoir une objection que M. Fabreli a probablement réservée pour son ouvrage. C'est que, lorsqu'en 1815, on s'occupa d'une loi pour ériger des monumens à la mémoire de Louis XVI, de Marie-Antoinette et de Madame Élisabeth, le rédacteur ayant oublié que la révolution a moissonné plus d'un roi, Louis XVII n'était point mentionné dans le projet. Mais cette lacune fut bientôt réparée. M. le vicomte de Châteaubriand, observant que le souvenir du jeune Prince ne serait consacré dans aucun des monumens dont on proposait l'érection, exprima en ces termes son douloureux étonnement. *

« Je crois, Messieurs, apercevoir une omission. Au milieu de tant d'objets de tristesse, on n'a pas assez également départi le tribut de nos larmes : à peine dans les projets divers a-t-on nommé ce Roi-enfant, ce jeune martyr qui a chanté les louanges de Dieu dans la fournaise ardente. Est-ce parce qu'il a tenu si peu de place dans la vie et dans notre histoire, que nous l'oublions ? Mais que ses souffrances ont dû rendre ses jours lents à couler, et que son règne a été long par la douleur ! Jamais vieux roi, courbé sous les ennuis du trône, a-t-il porté un sceptre aussi lourd ? Jamais la couronne a-t-elle pesé sur la tête de Louis XIV, descendant dans la tombe, autant que le bandeau de l'innocence sur le front de Louis XVII sortant du berceau ? Qu'est-il devenu ce pupille royal laissé sous la tutelle du bourreau, cet orphelin qui pouvait dire comme l'héritier de David : « Mon père et ma mère m'ont abandonné ! » Où est-il le compagnon des adversités, le frère de l'Orpheline du Temple ? où pourrai-je lui adresser cette interrogation terrible et

* Séance de la Chambre des Pairs, du 9 juin 1816.

trop connue : *Capet, dors-tu? lève-toi!* — Il se lève, Messieurs, dans toute sa gloire céleste, et il vous demande un tombeau. Malédiction sur les scélérats qui nous obligent aujourd'hui à des réparations vaines! qu'elle soit séchée la main parricide qui osa se lever sur cet enfant de Saint-Louis; roi oublié jusqu'ici dans nos annales comme il le fut dans sa prison ! »

L'illustre pair demanda, par amendement, qu'il fût élevé un monument à la mémoire de Louis XVII, et les deux Chambres s'empressèrent d'accueillir, à l'unanimité, sa proposition.

Certes, il n'est point de témoignage plus éloquent, plus solennel que celui rendu et obtenu par le chantre sublime des *Martyrs*.

Toutefois, si Louis XVII eût été soustrait à l'ombrageuse surveillance qui l'environnait et conduit dans la Vendée au milieu des défenseurs de l'autel et du trône, ces braves soutiens de la monarchie n'auraient-ils pas réuni et tenté de nouveaux efforts pour le maintien de ses droits? La commotion que sa présence aurait occasionée dans l'Ouest aurait retenti dans le Midi, et l'état d'épuisement et de misère dans lequel tout le royaume était plongé, aurait produit un soulèvement contre ceux qui avaient si rapidement fait disparaître la prospérité dont on avait joui sous le règne de Louis XVI. Bientôt la tranquillité et le bonheur auraient été rétablis en France et la paix dans toute l'Europe. Mais si les chances de la guerre eussent exigé que le jeune Roi sortît du territoire français, les généreux Vendéens l'auraient-ils tous abandonné au hasard? Les puissances étrangères et principalement l'Espagne, n'auraient-elles pas accueilli avec empressement le fils de Louis XVI?* Avec quel empressement aussi les journaux n'auraient ils pas recueilli les noms et les détails de la délivrance et de tous ces événemens? Mais, ni l'historien de la guerre de la Vendée, M. Alphonse de Beauchamp, ni l'héroïne de cette guerre, Madame la marquise de la Rochejacquelein, dans ses *Mémoires*, ni aucun autre écrivain, ou journaliste, n'a dit un mot qui se rattache à des faits aussi extraordinaires (3).

Maintenant, je puis le demander : comment

* Tandis que la Vendée réclamait avec instance Louis XVII et la princesse sa Sœur, l'Espagne en demandait la remise comme condition expresse de la paix qu'on négociait à Bâle. Voir le *Manuscrit de l'an Trois* (1794-1795), par M. le baron Fain; in-8°. Paris, 1828.

M. Fabreli de Fontaine a-t-il osé supposer que Louis XVII doit imputer au Prince, son oncle, tous les malheurs qu'il a essuyés et ceux dont il s'est encore avisé de l'accabler? A l'entendre, Louis XVIII, que la révolution et la politique ambitieuse, ou timide, des Puissances contraignaient d'errer, proscrit et persécuté, d'asile en asile, les dirigeait toutes et il les faisait agir diversement et au gré de son ambition! Il accumule, sans nulle critique, des faits controuvés, il altère et dénature ceux avérés, ou il en tire des inductions perfides pour étayer un monstrueux système. Il n'invoque jamais les noms que de personnes mortes depuis long-temps. Enfin, il présume que la menace de produire des pièces suffit pour convaincre qu'il les possède et qu'elles sont authentiques : menace étrange, puisque celles qu'on lit dans la *Révélation* sont toutes apocryphes. Et pourtant, c'est avec ces indignes moyens et par d'absurdes calomnies que M. Fabreli prétend détruire des actes irrécusables, le témoignage de nombreux témoins oculaires et l'autorité de l'histoire.

Cujusvis hominis est errare : nullius, nisi insipientis, in errore perseverare. Cic. *Philippic.* XII. 2.

NOTES.

NOTE 1, PAGE 10.

M. Fabreli raconte l'anecdote suivante.

« Parrain de Louis XVII, et le tenant sur les fonts de baptême à Versailles, le comte de Provence alla jusqu'à dire au prêtre chargé d'administrer ce sacrement à son neveu : « Mais, monsieur l'abbé, (M. le curé) il serait pourtant nécessaire de savoir quel est le père de l'enfant que vous allez baptiser. » (C'est ce que prescrit le rituel.) L'ecclésiastique lui répondit avec dignité : « Cette question n'est point à faire, Monseigneur : ce» lui auquel je vais administrer le sacrement de bap» tême, est le fils de votre souverain et du mien. » Cette anecdote, fort authentique, témoignait à elle seule la haine que le comte de Provence avait vouée à Louis XVII, même au berceau. »

Cette anecdote eut lieu, mais au baptême de *Madame*, aujourd'hui Dauphine, premier enfant de Louis XVI, née le 19 décembre 1778. Les *Mémoires secrets de la république des lettres*, année 1779, la rapportent avec les termes insérés entre les parenthèses, et en ajoutant, « tout ce qu'on peut inférer de là, c'est que *Monsieur* a beaucoup de goût pour les cérémonies de l'église, est fort instruit de la liturgie et se pique de connaissances en tout genre. »

La conséquence que M. Fabreli de Fontaine veut tirer de l'observation du Prince est donc un anachronisme et une accusation d'autant plus coupable qu'il a supprimé la phrase : « C'est ce que prescrit le rituel. »

Page 10 de la *Révélation.*

« Des lettres du comte de Provence, écrites de sa main, indiquent les agens qu'il entretenait en France; Marat, son ancien médecin, etc. »

Je porte à M. Fabreli le défi de produire l'original d'une seule de ces lettres; d'ailleurs, Marat ne fut jamais le médecin de ce Prince, il l'était des gardes-du-corps de M. le comte d'Artois.

Je lui porte aussi le défi d'indiquer où se trouve l'original de la lettre du 20 janvier 1793, (page 11), par laquelle Louis XVI nomme son frère, *Monsieur*, régent du royaume, etc. Il est évident que si cette lettre existait, elle eût été considérée comme le *Testament politique* de Louis XVI et publiée avec les déclarations qu'elle aurait sanctionnées, données par *Monsieur* pour annoncer à la France et aux Puissances étrangères qu'il avait pris les fonctions de régent; déclarations qui, à la grande surprise des conventionnels, furent insérées dans le *Moniteur* du 26 février 1793. D'ailleurs, des recherches m'ont prouvé qu'il fallait rejeter cette pièce avec tous les recueils de lettres faussement attribuées à Louis XVI.

Il ne suffit pas d'énoncer qu'une pièce se trouve dans telle *compilation*, l'écrivain qui respecte le public doit remonter aux sources et, critique sévère, se tenir en garde contre toutes ces opérations mercantiles.

Page 11 de la *Révélation.*

« La fille de Louis XVI, détenue au Temple, ne dut sa délivrance qu'à son sexe, et au besoin qu'on eût de satisfaire à de certaines combinaisons politiques. Marie-Thérèse, échangée contre des individus arrêtés par

Dumourier, retourna dans sa famille. Vivement épris de ce qui pouvait intéresser et captiver dans cette jeune princesse, l'archiduc Charles fit tout pour obtenir sa main. Dès-lors la contre-révolution s'effectuait en France ; tout rentrait dans l'ordre et la légitimité reprenait sa place. Mais que devenaient alors les plans du comte de Provence? Que devenait pour lui ce trône, objet constant d'une si ardente ambition? Rien de plus urgent alors que de s'opposer à un tel mariage et de supposer que la volonté d'un frère, exprimée dans ses derniers instans, pour fixer le sort d'une fille chérie, s'opposait à cette union. Cela surgit tout exprès de l'obscurité la plus profonde et fut mis au grand jour. La fille de Louis XVI devait être unie à son cousin le duc d'Angoulême ; les intérêts de sa famille, disait-on, et ceux de la France le voulaient ainsi, etc., etc. »

M. Fabreli opère une contre-révolution aussi facilement qu'on dénoue une comédie, par un mariage d'inclination. Il ignore apparemment qu'en France, où la loi fondamentale ne permet pas que les femmes succèdent à la couronne, la Fille de Louis XVI ne pouvait donner au prince Charles plus de droits qu'elle n'en avait elle-même; aussi ne fut-il point question de cette couronne. Mais l'Autriche demandait que Louis XVIII s'obligeât éventuellement à lui rendre la Lorraine, son ancienne possession et dont les femmes peuvent être souveraines: or, ce Prince ne pouvait, ni ne voulait accéder à un démembrement quelconque de la France. M. Fabreli n'aurait point fait cette méprise, s'il eût seulement consulté l'*Abrégé chronologique* de notre histoire, par le président Hénault, aux années 1316, 7, 8, et dans lequel le droit public relatif à l'hérédité des Grands Fiefs est traité avec la netteté et la brièveté qui distinguent cet ouvrage.

NOTE 2, PAGE 11.

Relation de M. Fabreli de Fontaine.

« J'arrive à l'enlèvement de la prison du Temple du fils de Louis XVI. Les détails abrégés que je vais transmettre au public, sur cet événement remarquable, m'ont été fournis par le duc de Normandie lui-même.

» Le duc de Normandie, enfermé au Temple avec sa sœur, dont il avait été séparé, avait été placé sous la garde du cordonnier *Simon*, devenu son précepteur et son bourreau. Après la chûte de Robespierre, l'un des premiers soins du gouvernement régénéré fut d'adoucir les rigueurs commises envers le fils d'un roi. On plaça près de lui des personnes dont l'humanité était reconnue. Le médecin Desault, chargé de le visiter, constata que sa mauvaise santé prenait sa source dans des affections morales, les mauvais traitemens qu'il avait subis et le méphitisme de son cachot. Il le fit transporter dans un appartement décent, assez bien aéré, et chaque jour il put observer un changement heureux dans la santé du jeune orphelin. Le sieur Desault avait un élève nommé Cyprien qui l'accompagnait dans toutes ses visites; le duc de Normandie s'était lié avec ce jeune homme, et il lui était accordé la facilité de le voir à toutes les heures et dans toutes les occasions. Il y avait environ quinze jours que le sieur Desault prodiguait ses soins au duc de Normandie, lorsqu'en rentrant chez lui, il y trouva une boîte à son adresse, renfermant dix rouleaux de cinquante louis et une lettre, où on lui disait sa fortune assurée s'il voulait fermer les yeux sur une entreprise qui avait pour objet l'enlèvement du fils de Louis XVI.

» Après la pacification de la Vendée, Charette, qui ne rêvait qu'aux moyens de soustraire l'héritier du trône à ceux qui le tenaient captif, envoya à Paris un agent secret et dévoué, chargé de cette délicate et importante mission. Cet agent, M. F..., * d'un caractère résolu et entreprenant, forma une liaison assez étroite avec le jeune Cyprien, dont il profita pour pénétrer plusieurs fois dans la tour du Temple à la suite de son ami, porteur d'une permission qui avait été accordée par les comités. Il confia à ce dernier le plan qu'il avait imaginé, qui consistait à enlever du Temple le jeune roi, en lui substituant un enfant de la même grandeur et à peu près de la même figure. Cyprien tomba malade, M. F... couchait près de lui; il n'eut point de peine à s'emparer de son portefeuille et de la permission qui lui avait été accordée pour pénétrer dans l'intérieur de la prison.

» Muni de cette pièce, M. F.... court au Temple : les portes lui en sont ouvertes; il voit le jeune Prince, le prévient de son projet, distribue quelque argent à ses gardiens et obtient d'eux la permission d'apporter des joujoux à leur prisonnier.

» M. F. s'étant procuré un jeune orphelin, à peu près de l'âge, de la taille et de la figure du jeune Roi, lui fit prendre une dose d'opium, et, le dépouillant de ses habits, le renferma dans le corps creux d'un cheval

* Tous les autres romanciers le nomment M. DE FROTTÉ.

E.

de carton destiné aux amusemens du royal enfant. D'autres jouets furent aussi renfermés dans une manne d'osier à double fond, et le tout fut placé dans la voiture de M. F... A l'aspect de la carte dont il était porteur, le corps-de-garde laissa passer sa voiture ; mais au second guichet un geolier se présenta pour visiter la manne. Il allait commencer cette inspection, quand il en fut empêché par l'arrivée du concierge en chef, qui l'abrégea, en aidant lui-même à porter les jouets à leur destination. Il restait à écarter la garde qui veillait constamment dans l'intérieur de la chambre du jeune Roi. Elle fut attirée hors de l'appartement par la femme Simon (1), dont le secret avait été acheté. M. F... ouvrit à la hâte le cheval de carton, en retira l'enfant qu'il coucha dans le lit du Prince, renferma celui-ci dans le double fond de la manne, et sortit chargé de son précieux fardeau, accompagné du nommé C... l'un des deux officiers municipaux, qui, ayant été mis aussi dans le secret, s'était tenu sur son passage pour protéger la sortie du jeune captif.

» Une voiture bien attelée, qui attendait M. F... sur le boulevart, le transporta bientôt, ainsi que son cher fugitif, à plusieurs lieues de Paris, où une autre voiture les reprit, se dirigeant en toute hâte vers la Bretagne, où Charette les attendait. Ils y arrivèrent après avoir

(1) « Cette femme Simon, qui vécut long-temps aux Incurables, a, dit-on, terminé ses jours à la suite de quelques indiscrétions qu'elle commit lors du procès de Rouen. » *

* Quelle indiscrétion a-t-elle pu commettre ? D'ailleurs, elle est morte à 73 ans, le 10 juin 1819, plus de quinze mois après le jugement de Mathurin Bruneau.

E.

échappé à deux brigades de gendarmerie, dont ils furent heureusement délivrés par une nombreuse patrouille de Chouans, qui leur servit d'escorte jusqu'au quartier-général de l'armée royaliste. Charette rendit au jeune Prince les hommages dus à un roi, et le présenta à ses soldats comme le souverain de la France (1). Sa proclamation est trop connue pour que nous jugions nécessaire de la transcrire ici.

» Ce fut le sieur Desault qui s'aperçut le premier de l'évasion du Temple du duc de Normandie, et qui constata qu'un autre enfant, couché dans le lit du Prince, lui avait été substitué. Il s'empressa d'en donner avis à la section de police du comité de sûreté générale, qui délégua deux représentans du peuple (2) pour constater les moindres particularités de cette évasion, qui fut tenue secrète autant qu'elle pouvait l'être.

» Deux jours après cet important événement, le médecin Desault mourut (3), succombant aux accès d'une

(1) » Charette improvisa la cérémonie d'inauguration du nouveau Monarque. Elle fut célébrée dans l'église paroissiale de Fontenai. Il donna aussi lecture du procès-verbal du sacre, administré au fils de Louis XVI par l'évêque de Saint ***, dans la tour du Temple. »

(2) » L'un des représentans vivait encore il y a trois ans. Il m'a souvent raconté les particularités de l'évasion du duc de Normandie, parfaitement concordantes avec le récit du Prince. »

(3) » On trouva dans les papiers de Desault un Mémoire non terminé, qu'il avait préparé pour se justifier du soupçon d'avoir favorisé l'évasion du Dauphin. » *

* Il fut atteint d'une fièvre maligne précédée de délire, et n'a laissé aucun Mémoire.

F.

maladie violente. Et trois jours après, Sevestre, membre du comité de sûreté générale, monta à la tribune pour informer la Convention de la mort du fils de Capet attribuée à un vice rachitique. »

Relation de l'enlèvement par M. le duc de Normandie.

« On m'enferma dans une chambre, où un trou pratiqué dans la porte fut la seule communication qu'on me laissa avec ceux qui me gardaient ; un mauvais grabat sur le plancher était le seul meuble de ma prison qu'on n'ouvrait jamais, pas même pour en enlever les ordures. Je ne tenais plus à la vie que par la frayeur ; je ne connaissais plus que la voix formidable de mes gardiens, qui ne me laissaient pas même jouir du repos de la nuit. Lorsqu'ils me croyaient profondément endormi, ils m'adressaient brusquement ces mots, de manière à me réveiller en sursaut : « Capet, dors-tu ? » Je me levais de suite, j'allais, trempé de sueur, me montrer au guichet, et je disais : « Me voici. » Et quand ils étaient assurés que c'était bien moi, ils me renvoyaient avec outrage. Si je ne répondais pas sur-le-champ, Simon ouvrait alors la porte avec fracas, et en me maltraitant, il m'accusait d'entêtement. Je ne pouvais m'expliquer les raisons d'un traitement aussi cruel que je ne méritais point : j'étais loin de les deviner ! Chaque jour voyait augmenter mes souffrances. Courbé vers la terre, mes joues creusées étaient couvertes de taches livides, et mes lèvres étaient décolorées. Je me sentais mourir, et j'attendais avec impatience que la mort vînt me délivrer de tant de maux, lorsque je vis entrer dans ma prison un étranger portant un cheval de carton, duquel il tira un enfant de mon âge et à peu près de ma taille, encore endormi. Il me fit signe de garder le silence et de me laisser mettre à la place de l'enfant qu'il venait de placer dans mon lit. Tout émerveillé du ton doux et honnête de ce personnage, et de la bonté avec laquelle il me parlait, langage auquel je n'étais plus depuis long-temps habitué, je ne fis aucune résistance, et me laissai placer dans la machine, sans prévoir qu'elle était destinée et avait été préparée exprès pour ma libération. Après des allées et des venues, on me fit sortir, et je fus mis au lit. La pluie tombait par torrens, personne ne put faire attention à ce qui se passait. On se hâta de me nettoyer la tête, qui était pleine de vermine et de plaies, et on me lava le corps. Le soir étant venu, je fus conduit non loin de là et placé dans un autre cheval bien plus grand ; il était de bois et artistement recouvert d'une véritable peau de l'animal qu'il représentait ; on l'avait attaché à une grosse charrette, de manière à être supporté par deux allonges en fer, cordées et peintes de la couleur des cordes ordinaires, et fixées à la pointe des brancards, et directement devant le cheval qui était attelé à la charrette même ; il avait devant lui deux autres chevaux, ce qui représentait un attelage de quatre de ces animaux, traînant une voiture conduite par un homme en blouse, habitué à ce métier, et n'ayant pour toute charge qu'un peu de paille. Ce cheval était aussi léger que l'avait pu permettre sa grandeur, ses jambes un peu plus courtes et pliantes dans toutes les jointures inférieures, ce qui facilitait la marche, en cas de rencontre d'un corps dur.

Il était bien garni dans l'intérieur, et fourré de manière à éviter les inconvéniens des secousses de la charrette ; sous sa longue queue était un soupirail qui avait également été pratiqué dans les oreilles, les narines et aux quatre jambes pour faciliter la respiration. Toute parfaite qu'était cette invention, elle n'aurait cependant pu échapper en plein jour à l'œil exercé de la surveillance ; mais la nuit, pendant une pluie abondante, les visiteurs étant sans soupçon relativement à un piége de ce genre, inconnu peut être depuis Troie, et n'étant point prévenus de l'enlèvement, en eussent laissé passer bien d'autres avec autant de facilité : la charrette était en outre vide, et on ne voyait qu'un résidu de paille dessus, comme si on venait d'en enlever la charge. Arrivés aux portes de la ville, le conducteur et la voiture furent visités, et la paille soulevée avec l'instrument obligé qu'on introduisait partout pour s'assurer qu'il n'y avait point d'aristocrate ou de prêtre caché dessous; les visiteurs qui, à Paris comme ailleurs, n'aiment guère à se mouiller inutilement, pensant, du reste, que rien de suspect ne pouvait se trouver sur une voiture vide, prononcèrent le : *En route*, tant désiré. Aussitôt on s'éloigna avec vitesse de cette enceinte funeste, et je ne tardai pas à m'endormir. Quelques instans après, on arrêta la voiture, on ouvrit le cheval de bois, on m'en fit sortir, et je fus de suite et à la hâte placé dans une voiture qui attendait, et nous fûmes emportés loin de ces lieux dangereux.

» On m'a fait connaître depuis les moyens mis en usage pour m'enlever, et j'ai pu apprécier la grandeur de ce service en connaissant mieux les obstacles qu'on eut à surmonter. Voici ce que m'a raconté le prince de Condé lui-même, en 1794, et qu'il m'a confirmé en 1816, après ma rentrée en France :

» Craignant pour vos jours, je dépêchai un de mes aides-de-camp à Charette, afin d'aviser aux moyens à employer pour vous enlever. Il fut nanti de lettres de crédit suffisantes à cet égard. Après s'être concerté avec le général vendéen, mon émissaire se rendit à Paris; il prit une note exacte des lieux et s'y pratiqua des intelligences. Il fit d'abord connaissance avec le concierge en chef, qu'il parvint, à l'aide d'une forte somme, à mettre dans ses intérêts, sans lui faire toutefois confidence de ses véritables intentions; car il ne désirait, assurait-il, qu'adoucir la captivité du jeune Prince, ce qui ne pouvait compromettre personne. Peu à peu il se lia avec les autres gardiens et même avec quelques municipaux qu'il sut intéresser par des prévenances ou des cadeaux; de cette manière il allait et venait sans obstacle; on était habitué à le voir entrer et sortir seul ou avec le concierge en chef ou tout autre. Quand il jugea le moment opportun, il proposa une somme considérable à la Simon, si elle consentait à vous laisser enlever. L'appât de l'or parut produire son effet ordinaire sur cette femme qui ne manquait pas d'avidité; mais la crainte d'être maltraitée par son mari, et qu'il ne fût gravement compromis, la retenait; ce ne fut que sur l'assurance positive que mon envoyé lui donna qu'il n'y avait aucun risque à courir, qu'elle consentit à la fin à favoriser votre enlèvement. Il fut convenu qu'on choisirait le moment où Simon irait au club ou ailleurs, pour mettre ce projet à exécution. On lui promit de la protéger envers et contre tous, et on lui fit espérer un sort brillant si jamais vous recouvriez l'héritage de vos pères. L'instant favorable s'étant présenté, mon émissaire, qui avait fait confectionner un cheval de carton creux et dans lequel il devait vous mettre pour vous sortir du Temple, demanda la permission d'introduire ce joujou dans la prison pour vous faire prendre un peu d'exercice. Le concierge en chef, qui était loin de se douter du projet, appuya la demande auprès des municipaux et autres surveillans du local. L'autorisation accordée, il se procura un enfant de votre âge, et à peu près de votre corpulance; il lui fit avaler une dose d'opium suffisante pour l'endormir plusieurs heures; il le mit dans le cheval et porta le tout dans la tour. On eut peut-être cherché à visiter la machine, mais on n'y songea même pas, surtout parce que le porteur passait en plein jour et accompagné du concierge en chef. Arrivés chez la Simon, notre homme put exécuter l'échange et partir. Les fonds avaient été déposés dans une maison indiquée par la Simon, avec ordre de les lui remettre quand elle le désirerait. On n'avait pas pu faire autrement, car dans une affaire de ce genre, il valait mieux courir la chance de perdre l'argent que de vous abandonner, ou de manquer son but par trop de méfiance. Il fut convenu entre mon envoyé et la Simon qu'il dirait en bas qu'il remportait le cheval, parce qu'elle ne voulait pas le laisser introduire dans votre chambre sans que son mari fût présent. Il descendit effectivement avec le cheval, et comme on lui demanda pourquoi il ne le laissait pas, il répondit ce dont il était convenu avec elle. Alors chacun se récria contre une telle barbarie. A-t-elle peur, disait-on, que l'enfant ne mange le cheval ou que le cheval ne le mange; c'est trop fort et du dernier ridicule. Le concierge en chef, au désespoir d'avoir été obligé de s'éloigner, fut trouver la Simon qui, s'obstinant à ne pas vouloir laisser introduire le cheval, le menaça de porter sa plainte à la section, s'il persistait; force fut donc de remporter le cheval. Mon émissaire m'a assuré qu'il avait eu la crainte sérieuse que le concierge en chef ne forçât la Simon à garder la machine, ou qu'il ne fît des instances auprès des municipaux eux-mêmes, ce qui eût fait avorter son projet. Il n'en fut heureusement rien. Il vous déposa dans une maison de la rue Philippeau, où on se hâta de vous rendre tous les services que nécessitait l'état pitoyable dans lequel vous étiez, et que vous n'avez sans doute pas encore oublié. Vous savez le reste. Quant au cheval de bois, dans lequel vous avez été conduit hors de Paris, il avait été préparé par les mêmes soins et dans les mêmes intentions. Ce moyen était peut-être inutile; mais comme il fallait tout prévoir, et qu'il était possible qu'on s'aperçût immédiatement de l'enlèvement, on crut prudent de prendre toutes les mesures nécessaires pour réussir. Tout était perdu si on eût échoué, il aurait été impossible d'y revenir, et vous auriez été victime d'une imprudence. Dans ces temps calamiteux, on visitait tout avec une attention propre à déjouer les plans les mieux concertés.* Tout était prêt depuis un mois, quand on sonda la Simon pour la pre-

* Cette observation est naïve, M. le Duc, mais votre évasion prouverait le contraire.

mière fois, ce qui permit de saisir l'occasion opportune ménagée évidemment par la divine Providence qui n'amollit alors le cœur de la Simon, que pour faire triompher la justice et assurer le bonheur de la France.... »

« Je sentis vivement, à ce récit, les obligations que j'avais à cet homme dévoué et au prince magnanime qui l'avait chargé de cette périlleuse entreprise. La mort m'avait déjà privé du doux plaisir de la reconnaissance... La femme Simon a survécu long-temps à son mari et aux orages révolutionnaires. Le comte de Lille et nos autres parens le savaient parfaitement. Ils n'ignoraient pas qu'enfermée à la Salpêtrière, on la faisait passer pour folle, ce qui détruisait tout l'effet que pouvait produire ses déclarations. On aurait pu en tirer de grandes lumières; mais on se garda bien de l'interroger. Ce n'est pas la vérité que mes parens recherchaient, elle était trop pénible pour eux... Ils savaient parfaitement que l'enfant qui mourut au Temple, environ un an après mon enlèvement, fut celui qui m'avait été substitué. La femme Simon l'a raconté à qui a voulu l'entendre, et c'est ce qui motiva sa perte. Le prince de Condé m'a assuré qu'il en avait informé le comte de Lille; que celui-ci reçut cette confidence avec froideur, et que c'est ce qui l'engagea à lui laisser ignorer le lieu que j'habitais. Il me dit aussi que Robespierre, qui était à l'époque de mon enlèvement à la tête du gouvernement français, s'étant douté de quelque chose, et désirant, pour des raisons de la plus haute importance, que rien n'en transpirât, ce qui eût produit un effet contraire à ses vues, fit semblant de l'ignorer; et il attendait le moment d'en tirer vengeance avec sécurité, lorsqu'il fut lui-même renversé par une faction opposée. Simon le suivit de près, et la terre fut purgée de deux monstres qui l'avaient trop long-temps souillée par leurs forfaits. *

» Aussitôt après la chute de Robespierre et de ses complices, la Simon fut éloignée du Temple et remplacée par une autre femme à laquelle, en lui présentant l'enfant qui avait été mis à ma place, on fit la recommandation de veiller à ce que rien ne lui manquât, etc. » **

Note 3, page 38.

Je dois aux instances de quelques personnes de leur donner les éclaircissemens suivans.

M. Fabreli dit à la page 22, que le haut clergé se refusa constamment à célébrer un service mortuaire à la mémoire de Louis XVII ; il est encore dans l'erreur. La commémoration de ce Prince avait lieu nommément dans les services célébrés pour Louis XVI, à Saint-Denis et ailleurs. Une ordonnance du Roi a réuni les différens anniversaires au 21 janvier.

Ce n'était point la première fois que l'abbaye de Saint-Denis avait entendu retentir ses voûtes de prières pour Louis XVII. Voici ce qu'on lit, à ce sujet, dans le dis-

* Robespierre et Simon moururent sur le même échafaud, le 10 thermidor (28 juillet 1794).

E.

** On a vu que la femme Simon ne fut point remplacée, et le rapport de Mathieu prouve qu'après le 9 thermidor, aucune femme n'eut de service auprès du Prince.

E.

cours prononcé devant la Cour d'assises de la Seine par Me Guillemin, avocat du sieur Durouchoux.

« Consul à vie, il (Buonaparte) rendit et signa seul un arrêté pour l'érection de quatre chapelles expiatoires, dans l'église de Saint-Denis, pour le roi Louis XVI, la reine Marie-Antoinette, Louis XVII, Madame Élisabeth et les victimes de 1793. Il assista lui-même avec Cambacérès, avec Lebrun, à la première messe d'expiation : mais ensuite il eut égard à des doléances malheureusement trop intéressées ; et sans révoquer son décret, il le laissa tomber en désuétude, comme décret de portefeuille. » *

Cette notion historique, remarquable dans la cause, ne l'est pas moins ici, puisque c'est le témoignage de Napoléon, c'est-à-dire, de l'homme qui, sans aucun doute, a été le mieux informé des événemens de la révolution.

Il n'est point vrai que le laboureur Martin, dans l'entretien avec Louis XVIII, lui ait parlé de Louis XVII : la dernière *Relation* de cet événement et qui est la plus ample, ne contient pas un seul mot de lui, à ce sujet. Il y a plus, l'éditeur, M. S***, ancien magistrat, a mis sous la page 130, une note de M. Acher, chanoine de Chartres, et qui porte : « Remarquons encore que Louis XVIII est ici placé, suivant ce que lui dit Martin, dans l'alternative de tenir sa promesse, ou de renoncer à recevoir l'huile sainte. D'où l'on doit conclure que s'il eût tenu sa promesse, il aurait pu légitimement être sacré, sans nul danger pour sa personne ; ce qui ne

* *Procès du service funèbre* célébré, le 14 février 1831, à Saint-Germain-l'Auxerrois ; in-8°.

peut s'accorder avec l'exisetnce de Louis XVII, que l'on a prétendu vivant, et dont il aurait alors envahi les droits. » *

A l'égard des signes, ou cicatrices, dont chacun des nouveaux sycophantes veut se prévaloir; quand il serait établi que Louis XVII en aurait eu de semblables, qu'est-ce que cela prouverait? Sachant que le Prince portait ces signes, il a dû entrer dans le plan de chaque aventurier d'en imprimer de pareils sur son individu. Hervagault et Mathurin Bruneau leur en avaient donné l'exemple.

Toutes les chimères de M. Fabreli de Fontaine et des autres romanciers sont donc absolument évanouies. Ainsi, il est inutile de combattre ce qui est dit dans la *Révélation* sur les protestations faites par son coryphée et conservées par deux grandes puissances; sur les actes et documens authentiques remis dans les archives de la cour de Rome et qui déposent de l'évasion du Temple, du fils de Louis XVI; enfin, sur un *Traité secret* de Paris, en 1814, qui explique « de quelle manière les puissances de l'Europe avaient permis au comte de Provence de venir occuper le trône de France, sous le titre de Roi *ostensiblement*, mais n'étant de fait que *Régent du royaume;* se réservant pendant deux ans d'acquérir toute certitude matérielle de la mort de Louis XVII, etc. »

La plume tombe des mains en retraçant des allégations aussi mensongères.

* In-8°. Paris, novembre 1830.

FIN DES NOTES.

www.ingramcontent.com/pod-product-compliance
Lightning Source LLC
LaVergne TN
LVHW010045230826
846091LV00005B/1884

* 9 7 8 2 0 1 2 9 9 8 6 2 9 *